Kidaya da Hausa

Counting in Hausa

Buga ta Scribblecity Publications.

Copyright in English.

All rights reserved. First paperback
edition printed 2022 in the United Kingdom A catalogue record for this book
is available from the British Library.
ISBN 978-1-913455-46-0
No part of this book shall be reproduced or transmitted in any form or by any
means, electronic or mechanical, including photocopying, recording, or by any
information retrieval system without written permission of the publisher.
Published by Scribblecity Publications.
Printed in Great Britain

Although every precaution has been taken in the preparation of this book, the publisher
and author assume no responsibility for errors or omissions. Neither is any
liability assumed for
damages resulting from the use of this information contained herein.

1
Daya

Gida **daya**

Babura **biyu**

2
Biyu

3
Uku

Barkono **uku**

Motoci **hudu**

4
Hudu

5
Biyar

Kujeru **biyar**

6
Shidda

Kofuna **shidda**

7
Bakwai

Tsuntsaye **bakwai**

8
Takwas

Bishiyoyi **takwas**

9
Tara

Littafai tara

10
Goma

Fensir **goma**

11
Goma Sha Daya

Tumatir **goma sha daya**

12
Goma Sha Biyu

Ayaba **goma sha biyu**

Ayyuka

1. Gidaje nawa ne?

2. Tsuntsaye nawa ne?

3. Gida motoci da yawa akwai?

4. Fensir guda nawa zaku iya gani?

Kidaya 1 zuwa 12

1 Daya
2 Biyu
3 Uku
4 Hudu
5 Biyar
6 Shidda
7 Bakwai
8 Takwa
9 Tara
10 Goma
11 Goma Sha Daya
12 Goma Sha Biyu

Rubuta 1 zuwa 12

1 _____
2 _____
3 _____
4 _____
5 _____
6 _____
7 _____
8 _____
9 _____
10 _____
11 _____
12 _____